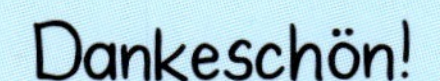

Für die freundliche Unterstützung bedanken wir uns herzlich bei Anja Gottwald, eine der Initiatorinnen des Projektes NawiKi an der Universität Hamburg und seit drei Jahren selbst in Kitas und Grundschulen experimentierend, den Kindern und Erziehern des Kindergartens „Mäuseburg“ in Osterby und bei Magrit Parchwitz, Waldpädagogin, die gerne mit Kindern experimentiert und mit ihnen neugierig naturwissenschaftlichen Fragen auf den Grund geht.

Die Experimente in diesem Buch sind von der Autorin und vom Verlag sorgfältig ausgewählt und geprüft. Dennoch kann keine Garantie übernommen werden. Eine Haftung der Autorin bzw. des Verlags und seiner Beauftragten für Personen-, Sach- und Vermögensschäden ist ausgeschlossen.

Text: Ruth Gellersen
Illustration: Ulrich Velte
Gesamtherstellung: Schwager & Steinlein Verlag GmbH
www.schwager-steinlein-verlag.de

Richtig schlau!

Experimente rund um die Natur

Ruth Gellersen · Ulrich Velte

Schwager & Steinlein

Vorwort

Liebe Eltern,

Kinder forschen und entdecken – den ganzen Tag!
Gerade in den ersten Lebensjahren gehören für Kinder viele Dinge, die für Erwachsene ganz selbstverständlich sind, in die Welt der Experimente. So werden schon beim Zuknöpfen der eigenen Jacke oder beim Füllen eines Messbechers wichtige Erfahrungen gesammelt. Experimente müssen also nicht immer gleich knallen und zischen.

Forschen Sie gemeinsam mit Ihrem Kind. Ermutigen Sie es, Fragen zu stellen, sich zu wundern und neue Dinge auszuprobieren. Denn es geht nicht um eine perfekte Ausführung der Experimente. Viel wichtiger ist, Ihr Kind beim Entdecken seiner Umwelt zu unterstützen. Ohne vorgefertigte Antworten und Lösungsvorschläge, sondern mit viel Neugier, Zeit und Interesse.

In diesem Buch finden Sie Experimente:

- Für Einsteiger
- Für Fortgeschrittene
- Für Profis

Je nach Entwicklungsstand und Alter Ihres Kindes.

Die klaren Schritt-für-Schritt-Anleitungen erleichtern Ihrem Kind und Ihnen den Aufbau und die Durchführung der Experimente.
In den farbigen Kästen finden Sie kurze naturwissenschaftliche Erklärungen, Spielanleitungen, Sachtexte und Ideen rund um das jeweilige Experiment.

Viel Spaß beim gemeinsamen Experimentieren wünscht

Ruth Gellersen

Ruth Gellersen

Warum schwimmen manche Orangen im Wasser und andere nicht? Wie bringst du Sandkörner zum Tanzen? Und was passiert, wenn du eine Vogelfeder mit Wasser besprühst?

Finde die Antworten auf diese und viele andere Fragen mit den Experimenten in diesem Buch heraus.

Die allermeisten Experimente kannst du alleine machen. Wenn du dieses Bild siehst, experimentierst du am besten gemeinsam mit deinen Freunden.

Viele Zutaten findest du bei euch zu Hause – so kannst du gleich anfangen, zu experimentieren.

Besonders spannend wird es oft dann, wenn ein Experiment nicht so klappt, wie beschrieben oder wie du es dir vorgestellt hast. Forsche dann doch einfach mal weiter – bestimmt entdeckst du noch viele andere tolle Dinge.

Viel Spaß beim Forschen und Experimentieren wünscht dir deine Entdecker-Eule

Inhaltsverzeichnis

Baumkunst

Für Einsteiger

Du brauchst:

- Äste und Zweige
- Blätter
- Kieselsteine
- Nüsse
- Alles, was du sonst noch in der Natur findest

Mandalas kannst du in den schönsten Farben ausmalen. Oder du bastelst dir selbst ein Mandala: aus Naturmaterialien, die du im Wald, Park oder Garten findest.

Sammle herabgefallene Äste.

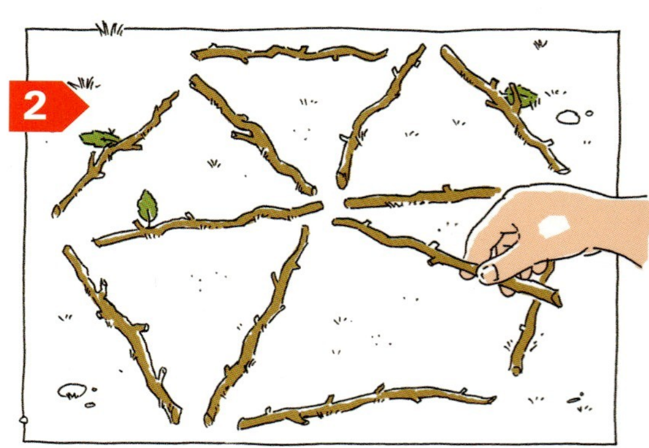

Lege daraus das „Gerüst" des Mandalas. Es sieht aus wie eine Torte und besteht aus vielen gleich großen Tortenstücken.

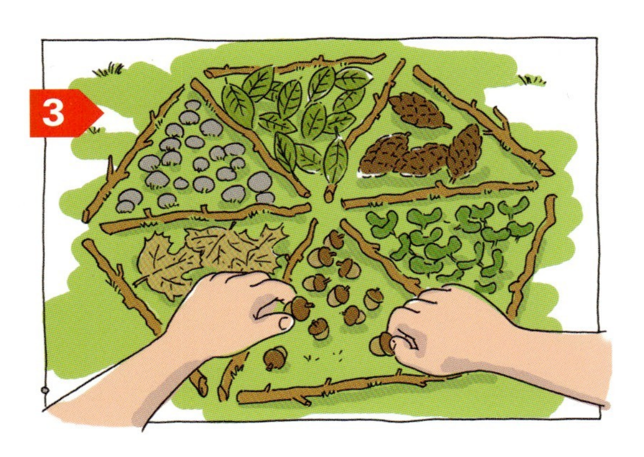

Nun füllst du die Flächen des Mandalas aus. Verwende dazu Zweige, Blätter, Steine, Nüsse und was du sonst noch so gefunden hast.

??? Was passiert?

Aus den gefüllten Tortenstücken ist ein großes Bild entstanden: ein Mandala. Mandalas sind Bilder mit sehr gleichmäßigen Mustern. Alle Mandalas haben einen Mittelpunkt. Häufig sind sie rund, es gibt aber auch viereckige Mandalas.

Natürliche Mandalas ?!

Das Wort „Mandala" bedeutet übersetzt „Kreis" oder „Ring".
Für viele Religionen und Kulturen, zum Beispiel den Buddhismus, sind Mandalas wichtige Symbole. Auch in der Natur kannst du symmetrische Formen finden: Blüten, Schneeflocken oder die Kreise, die entstehen, wenn ein Regentropfen auf eine Wasserfläche fällt. Schau dich in deiner Umgebung um. Welche Formen entdeckst du noch?

Orangenbad

Für Profis

Manchmal schwimmen Orangen im Wasser, manchmal gehen sie unter. Bei diesem Experiment findest du heraus, ob deine Orange schon schwimmen kann ...

Du brauchst:

- zwei Orangen
- eine große Schüssel
- Wasser

1 Fülle eine große Schüssel mit Wasser.

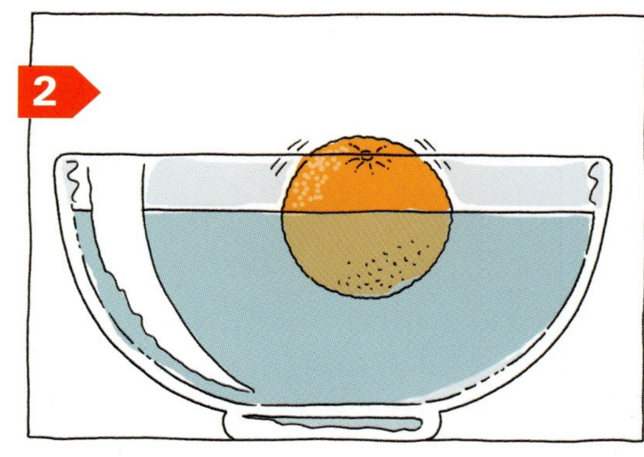

2 Lege eine Orange in die Schüssel. Was passiert?

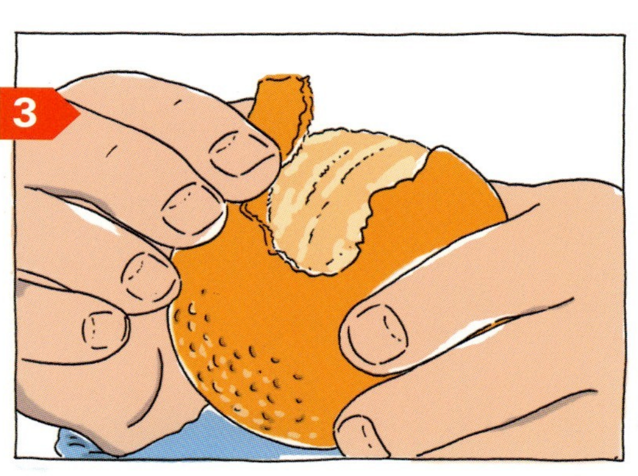

3 Schäle jetzt die zweite Orange.

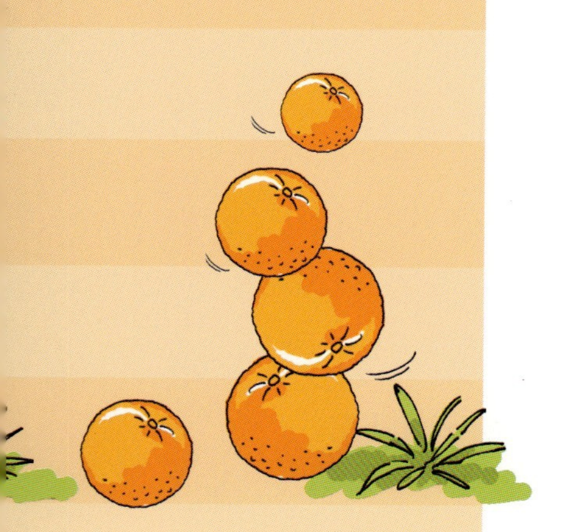

Lege auch die geschälte Orange in die Wasserschale. Was passiert jetzt? Die Orange geht unter.

??? **Warum ist das so?**

Das süße Orangenfleisch enthält viel Fruchtzucker. Dieser ist schwerer als Wasser – deshalb geht die geschälte Orange unter. Die Orangenschale hingegen ist leichter als Wasser. Sie ist porös und nicht so dicht wie das Fruchtfleisch, fast wie ein Schwamm. Deshalb sorgt die Schale dafür, dass die Orange nicht untergeht.

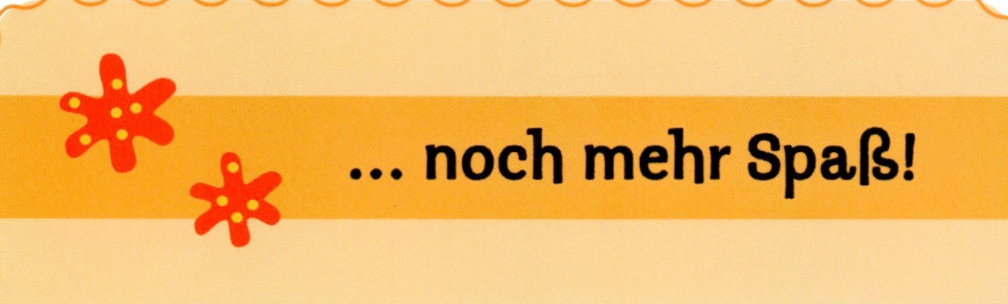

... noch mehr Spaß!

Mach dieses Experiment auch einmal mit anderen Früchten, zum Beispiel mit einer Zitrone, einer Banane und einer Melone. Was passiert dann?
Anschließend schneidest du alle Früchte vorsichtig in kleine Stücke. Vermische sie in einer Schale. Gib einige Spritzer Zitronensaft, einen kleinen Löffel Honig und einige Nüsse hinzu. Fertig ist ein leckerer Obstsalat!

Guten Appetit!

Federleicht

Für Fortgeschrittene

Du brauchst:

- Federn
- eine Sprühflasche
- Wasser

Vögel brauchen ihre Federn, um zu fliegen. Doch Vogelfedern können noch viel mehr! Sammle im Park oder im Garten Vogelfedern und mache ein Experiment mit ihnen.

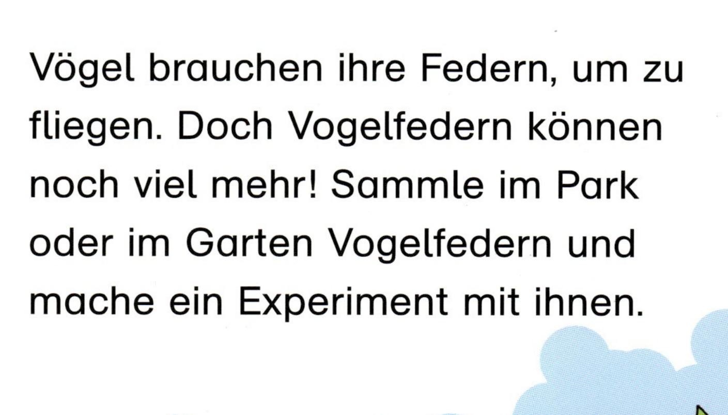

1 Fülle die Sprühflasche mit Wasser.

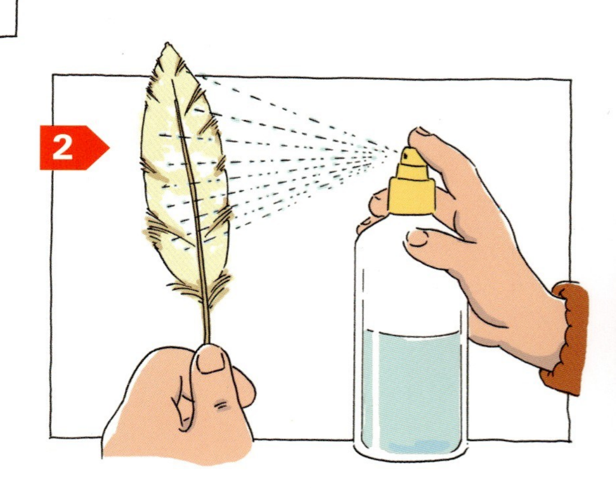

2 Nimm die Feder in die eine Hand und die Sprühflasche in die andere. Jetzt besprühe eine Seite der Feder mit Wasser. Was passiert?

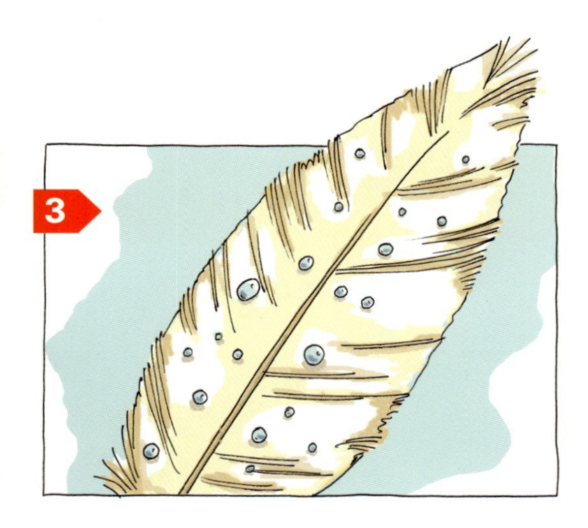

3

Auf der Feder erkennst du winzige Wassertröpfchen. Die Feder hat das Wasser also nicht aufgesaugt.

??? **Warum ist das so?**

Federn haben eine Fettschicht. Sie sorgt dafür, dass das Gefieder im Wasser oder bei Regen nicht nass wird und der Vogel trocken bleibt. Das Wasser aus deiner Sprühflasche perlt also in kleinen Wassertropfen von der Oberfläche der Vogelfeder ab.

Federkleid

Das Gefieder eines Vogels besteht aus verschiedenen Federn. Direkt am Körper befinden sich bei den meisten Vögeln weiche, wärmende Daunenfedern. Darüber liegen die Konturfedern. Zu ihnen gehören die Steuerfedern am Schwanz des Vogels, die Schwungfedern an den „Armen", die Deck- und die Körperfedern. Je nach Vogelart sind die Federn unterschiedlich gefärbt. Manche Vögel haben auffällige Federn, andere heben sich kaum von ihrer Umgebung ab.

Quiz für Spürnasen

Aus einer Raupe wird ein ...?

Manche Raupen sind ganz glatt, andere haben Dornen oder Haare auf der Haut. Es gibt einfarbige und bunte Raupen. Sie verändern sogar ihre Gestalt. Welches Tier entwickelt sich aus einer Raupe?

1. ein Schnabeltier
2. ein Schmetterling
3. ein Schimmel

Aus der kleinen Raupe wird ein wunderschöner Schmetterling.

Bissige Pusteblume?

Der leuchtend gelbe Löwenzahn ist eine weit verbreitete Pflanze. Die Samen des Löwenzahns fliegen in alle Himmelsrichtungen. Weißt du, woher der Löwenzahn seinen Namen hat?

1. Die Blüte kann beißen
2. Die gezackten Blätter erinnern an Zähne
3. Es sind die Lieblingsblumen von Löwen

Der Löwenzahn ist zwar nicht gefährlich, aber seine gezackten Blätter erinnern an die Zähne eines Löwen.

Wo leben Eichhörnchen?

Die geschickten Kletterer springen von Ast zu Ast. Dabei dient ihnen ihr buschiger Schwanz als Steuer. Wo halten sich Eichhörnchen am liebsten auf?

1. auf dem Boden
2. auf Bäumen
3. im Wasser

Eichhörnchen sind Waldbewohner. Sie leben und jagen in den Bäumen.

Kleine Schlafmützen!

Ein Siebenschläfer lebt während seines tiefen Winterschlafs von der dicken Fettschicht, die er sich zuvor angefressen hat. Wie lange dauert sein Winterschlaf?

1. Sieben Monate
2. Sieben Wochen
3. Sieben Jahre

Im Herbst frisst sich der Siebenschläfer eine dicke Speckschicht an. Dann macht er sieben Monate lang Winterschlaf.

Was passiert bei einem Gewitter?

Hast du schon einmal ein Gewitter erlebt? Dann kennst du bestimmt die Antwort auf diese Frage!

1. Es schneit
2. Es wird neblig
3. Es donnert und blitzt

Bei einem Gewitter wird es abwechselnd laut und hell. Es donnert und blitzt.

Welche Tiere wohnen hier?

1. Marienkäfer
2. Bienen
3. Ameisen

Na klar, das ist ein Ameisenhaufen!

Knisternde Erbsen

Für Einsteiger

Du brauchst:

- ein Tablett
- etwas Alufolie
- zwei gleiche Plastikbecher
- getrocknete Erbsen
- Wasser

Erbsen sind gesund und schmecken lecker! Du kannst sie kochen oder zählen. Aber hast du gewusst, dass Erbsen auch Geräusche machen können?

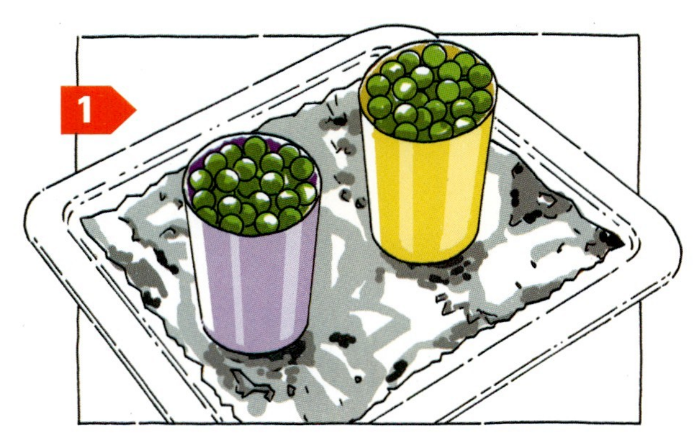

1 Bedecke das Tablett mit einem Stück Alufolie. Stelle die Becher auf das Tablett und fülle sie bis zum Rand mit getrockneten Erbsen.

2 Gieße in einen der Becher Wasser.

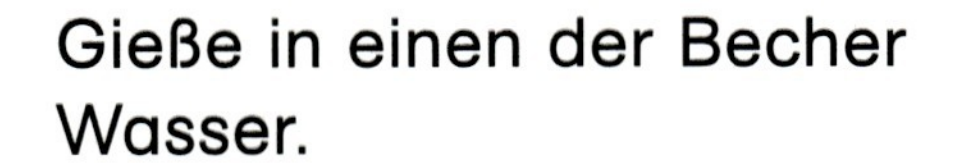

3 Habe ein wenig Geduld und gieße in den nächsten Stunden ab und zu etwas Wasser nach. Kannst du schon etwas hören?

Nach einiger Zeit fallen die Erbsen auf die Alufolie und bringen diese zum Knistern. Aus welchem Becher fallen sie?

??? **Warum ist das so?**

Die getrockneten Erbsen quellen im Wasser auf und werden größer. Es wird eng im Becher! Wenn der Platz nicht mehr ausreicht, fallen die ersten Erbsen auf das Tablett – „klack, klack".

Rund um die Erbse

Seit vielen Jahrtausenden bauen Menschen Erbsen an. In den langen Schoten der Pflanze befinden sich die Samen, die wir „Erbsen" nennen und essen.
Hast du schon mal Erbsensuppe oder grüne Erbsen und Möhren gegessen? Erbsen werden außerdem als Futtermittel für Tiere angebaut.
Auch in einigen Märchen haben Erbsen eine besondere Bedeutung, zum Beispiel bei der „Prinzessin auf der Erbse".

Klappern im Wind

Für Profis

Hui, pfeift der Wind um die Ecken! Hast du Lust, dein eigenes Windspiel zu bauen? Wenn der Wind hindurchfährt hörst du es klappern, knacken und schellen ...

Du brauchst:

- vier gleich lange starke Äste
- eine lange Schnur
- eine Schere
- Stöcke und Äste
- Glöckchen und Schellen (aus dem Bastelgeschäft)

1 Lege aus den vier gleich langen Ästen ein Quadrat. An den Ecken sollten die Äste übereinanderliegen. Dort bindest du sie fest zusammen.

2 Befestige dann eine Schnur an einem Stock. Knote das Schnurende am Holzquadrat fest.

Auf dieselbe Weise knotest du verschiedene Äste und Stöcke an das Holzquadrat. Verwende dafür unterschiedlich lange Schnüre. Befestige auch die Glöckchen am Windspiel.

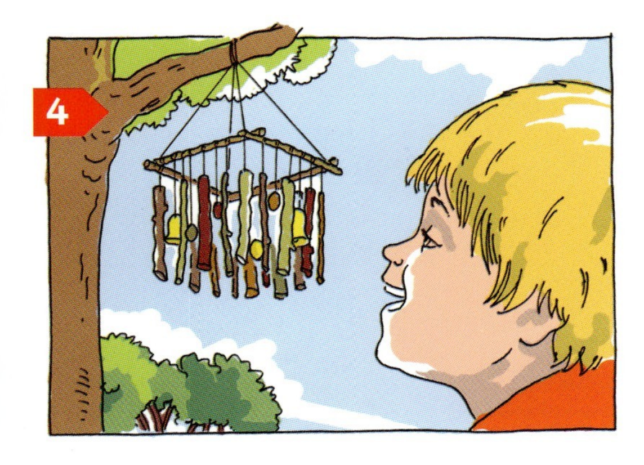

Zum Schluss bindest du vier gleich lange Schnüre am Holzquadrat fest – an jedem Balken eine Schnur. Oben fasst du die Schnüre zusammen. Verknote die Enden, sodass du dein Windspiel draußen waagerecht aufhängen kannst.

??? Was passiert?

Der Wind weht zwischen den herabhängenden Ästen und Stöcken hindurch. Die Äste und Glocken bieten dem Wind Widerstand und werden so von ihm bewegt. Dabei klappert und bimmelt es: Je nach Windstärke und Windrichtung hörst du unterschiedlich laute Töne.

... noch mehr Spaß!

An das Holzquadrat kannst du auch andere Sachen hängen. Zum Beispiel leere Konservendosen, Plastikbecher, Schlüssel, Gabeln, eine Käsereibe aus Metall oder eine alte Suppenkelle. Sammle draußen und drinnen unterschiedliche Materialien. Bestimmt findest du Dinge, die du für dein Windspiel gebrauchen kannst! Befestige sie mit Schnüren am Quadrat und hänge das Windspiel draußen auf. An einem Windspiel kannst du auch die Richtung erkennen, aus der der Wind weht.

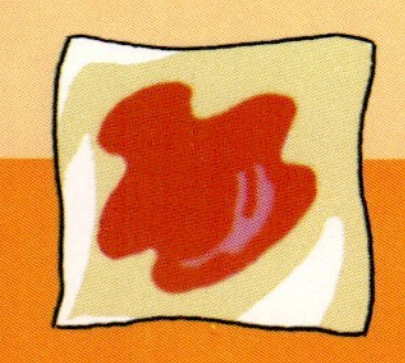

Knallroter Kirschsaft

Für Einsteiger

Kirschsaft schmeckt gut. Aber auf weißem Stoff leuchten die Saftflecken knallrot – es sei denn, du kennst diesen Trick!

Du brauchst:

- etwas Kirschsaft
- einen Teelöffel
- ein altes weißes Baumwolltuch
- Kochsalz

1 Tauche den Löffel in den Kirschsaft.

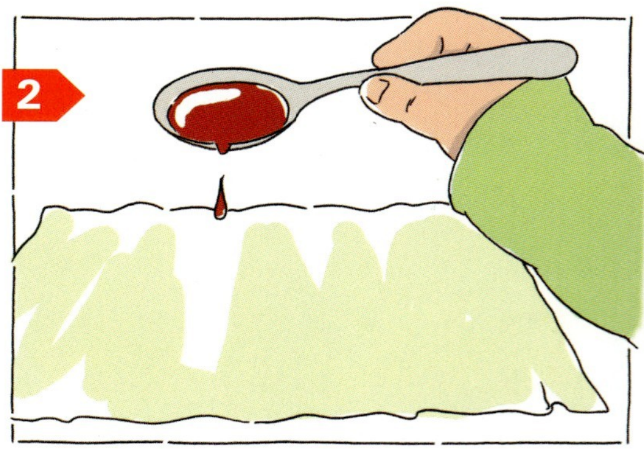

2 Halte den Löffel über das Baumwolltuch und tropfe etwas Kirschsaft darauf.

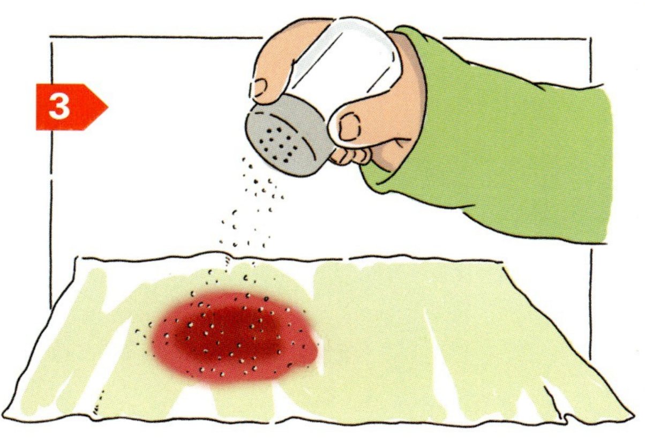

3 Lege den Löffel zur Seite und streue sofort ganz viel Kochsalz auf den Fleck.

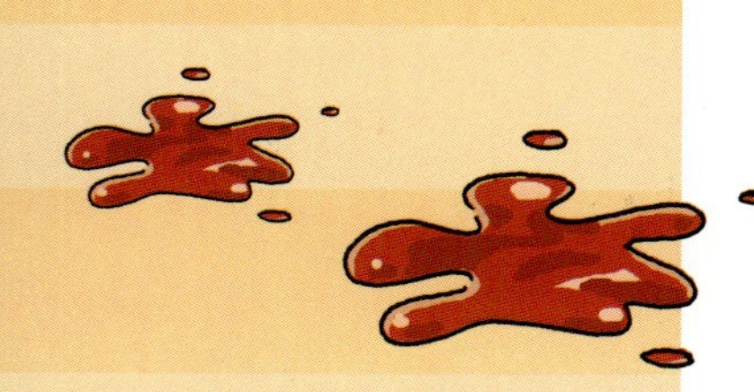

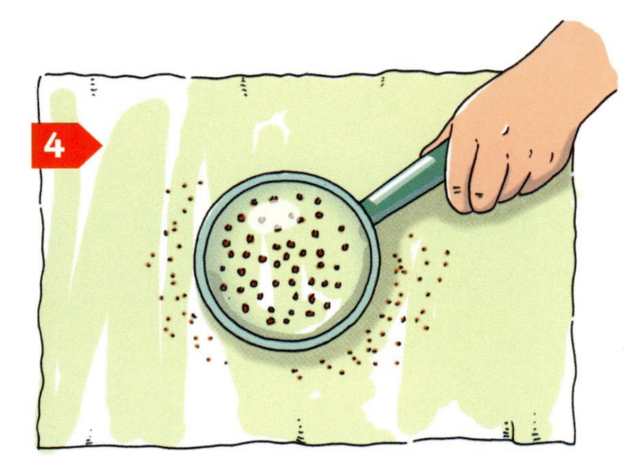

Beobachte das Tuch: Schon nach kurzer Zeit bekommt das weiße Salz eine rötliche Färbung.

??? Warum ist das so?

Kochsalz besteht aus Natriumchlorid, das Wasser anzieht. Zusammen mit dem Wasser des Kirschsaftes wird auch sein roter Farbstoff vom Natriumchlorid angesogen. Dadurch verfärbt sich das Salz dann rot. So funktionieren auch die Wurzeln von Bäumen! In den Wurzeln ist ein bisschen Salz enthalten und wenn nach einem Regen der Boden feucht ist, zieht das Salz das Wasser in die Wurzeln.

Kostbares Salz

Früher war Salz eine sehr begehrte Handelsware. Da es sehr mühsam war, Salz aus dem Meer oder in Bergwerken zu gewinnen, war Salz sehr teuer und wurde mit Gold aufgewogen. Deshalb nannte man es auch „weißes Gold". Es wurde weit transportiert – auf Straßen, die wir heute deshalb „Salzstraßen" nennen. Viele Städte wurden mit dem Handel von Salz sehr reich. Beim Kochen und Backen sorgt Salz dafür, dass die Speisen nicht fad schmecken.

Tanzende Sandkörner

Für Fortgeschrittene

Du brauchst:
- eine Plastikschüssel (nicht zu groß)
- Butterbrotpapier
- Gummiringe
- etwas Sand
- ein Backblech
- einen Holzkochlöffel

Bei diesem Experiment kannst du Krach machen – den du sogar siehst! Probier es aus und bring Sandkörner zum Tanzen.

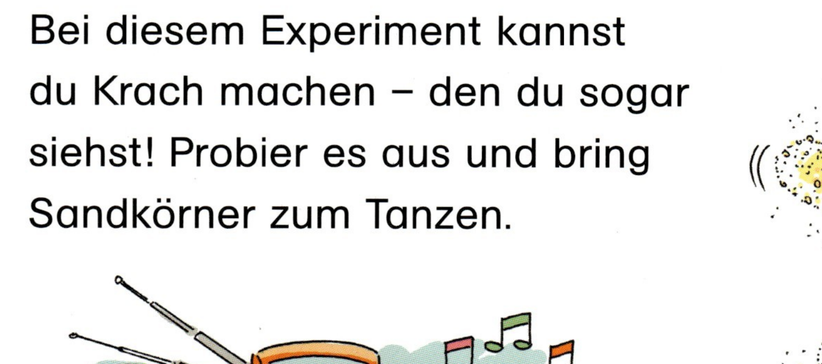

1 Spanne das Butterbrotpapier über die Schüssel und befestige es mit den Gummiringen. Das Papier muss ganz straff sitzen, wie bei einer Trommel.

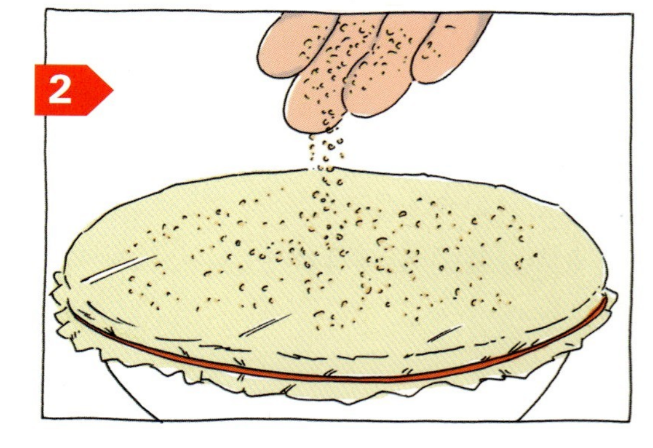

2 Streue einige Sandkörner auf das Papier.

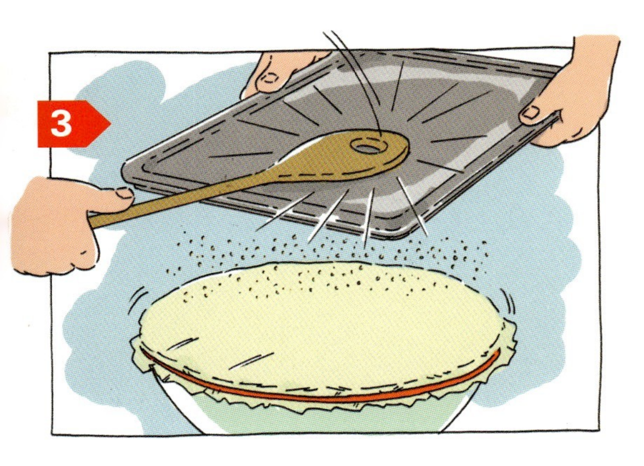

Halte nun das Backblech mit etwas Abstand über die Schüssel. Schlage mit dem Kochlöffel auf das Backblech. Was siehst du? Die Sandkörner springen nach dem Schlag nach oben!

??? Warum ist das so?

Schlägst du auf das Backblech, wird es zum Schwingen gebracht. Die Bewegung überträgt sich auf die Luft – auf diese Weise kommt der Schall in unsere Ohren. „Schallwellen" nennen wir das. Wenn der Knall laut genug war, wird auch das Butterbrotpapier zum Schwingen gebracht und der Sand springt hoch.

... noch mehr Spaß!

Bestimmt habt ihr im Sandkasten oder am Strand schon oft mit Sand gespielt. Für dieses Sand-Spiel braucht ihr einen Pappkarton, der so groß ist, dass ein Kind bequem seine Füße hineinstellen kann. Füllt den Pappkarton mit Sand auf. Ein Spieler schließt für einen Moment die Augen. Währenddessen vergraben die anderen Kinder drei kleine Gegenstände im Sand, zum Beispiel einen ovalen Kieselstein, einen Buntstift und einen Schlüsselanhänger. Dann darf der Spieler die Augen wieder öffnen. Er setzt sich auf einen Hocker und stellt die bloßen Füße in den Karton. Dann gräbt und buddelt er nach den Gegenständen und befördert sie aus dem Karton. Natürlich nur mit den Zehen!

Auf der Spur der Natur

Hast du schon einmal eine Ameisenstraße beobachtet? Oder einen Vogelschwarm, der über den Himmel zieht und dabei den Buchstaben „V“ bildet? Schau dich mal um: In deiner Umgebung kannst du viele spannende Dinge entdecken!

Spurensuche

Wie viele verschiedene Spuren entdeckst du auf deinem Spaziergang durch die Natur?

Augen auf und Ohren spitzen!

In deiner Umgebung kannst du die verschiedensten Tiere beobachten. Du brauchst dafür nur ein wenig Geduld! Schau dich aufmerksam um. Entdeckst du den Vogel auf dem Ast oder die Ameise, die eilig vorbeiläuft? Je ruhiger du dich verhältst, desto leichter siehst du die Tiere. Viele kommen nämlich erst dann aus ihrem Versteck, wenn sie sich sicher sind, dass ihnen keine Gefahr droht.

Federschmuck

Manchmal hast du Glück und findest im Freien eine Feder, die ein Vogel verloren hat. Ist sie schwarz, weiß, bunt, klein oder groß? Findest du heraus, von welcher Vogelart die Feder stammt?

Ganz nah und doch fern

Lege dich doch einmal mit einer Lupe auf die Wiese.
Entdeckst du die winzigen Lebewesen zwischen den Grashalmen? Durch das Fernglas kannst du Tiere auch von Weitem betrachten, ohne sie zu stören. Große Tiere, wie Rehe oder Wildschweine, kannst du übrigens auch gut in einem Wildpark beobachten.

Wie wird das Wetter?

Hänge einen Kiefern- oder einen Tannenzapfen nach draußen. Er „erzählt" dir etwas über das Wetter: Bei warmem, sonnigen Wetter öffnet sich der Zapfen weit und bei feuchtem, nassen Wetter schließt er sich wieder.

Welche „Schuhgröße" hat ein Reh?

Auf weichem Boden oder im Schnee kannst du nicht nur deine eigenen Fußabdrücke entdecken, sondern auch die Abdrücke von verschiedenen Tieren, die hier gelaufen sind. Jede Tierart hinterlässt eine besondere Spur. Besonders gut kannst du zum Beispiel die runden Hufabdrücke von Pferden erkennen.
Anhand eines Abdrucks oder einer Fährte erkennen erfahrene Spurenleser nicht nur, welches Tier die Spur hinterlassen hat, sondern auch, ob es ein altes oder junges, schnelles oder langsames, großes oder kleines Tier ist.

Riesenbären

Für Einsteiger

Du brauchst:

- eine Schale
- kaltes Wasser
- Gummibärchen

Während deiner ganzen Kindheit wächst du und wirst im Laufe der Jahre immer größer. Gummibärchen bleiben dagegen immer gleich groß. Oder etwa nicht?

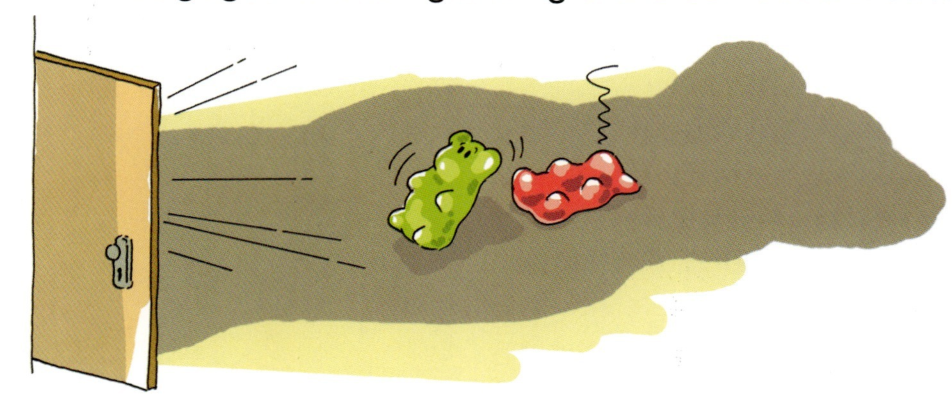

1

Fülle die Schale mit kaltem Wasser.

2

Lege einige Gummibärchen in die Schale. Jetzt musst du etwas Geduld haben. Fange am besten am Morgen an und beobachte die Gummibärchen immer mal wieder über den Tag.

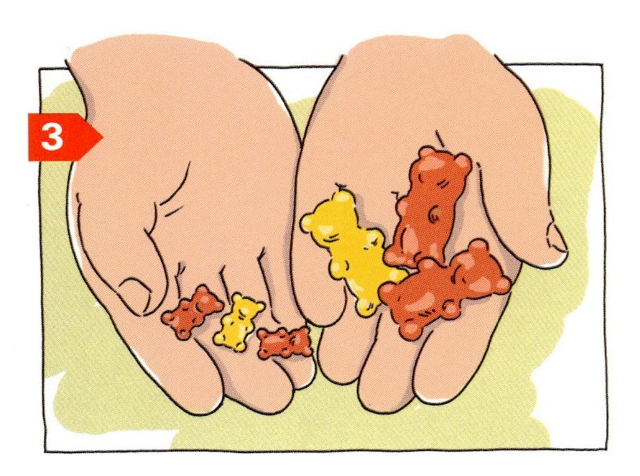

Später vergleichst du die Gummibärchen aus dem Wasser mit frischen Bären aus der Tüte. Siehst und schmeckst du einen Unterschied?

??? Warum ist das so?

Die bunten Gummibärchen bestehen aus viel Gelatine und aus Zucker. Beide Stoffe ziehen Wasser an. Deshalb nehmen die Gummibärchen das Wasser auf und werden immer größer.

Bunte Bärchen

Die farbenfrohen Gummibären werden mit natürlichen Fruchtextrakten gefärbt. Es gibt sie in verschiedenen Farben: rot, gelb, weiß, grün und orange. Blaue Gummibären gibt es übrigens nicht, denn aus Natur-Farbstoffen kann keine blaue Farbe hergestellt werden.
Wusstest du, dass in einer Tüte Gummibären mehr rote Bären als andere enthalten sind? Die roten Bären mögen viele Menschen nämlich besonders gern.

Ganz schön dick!

Für Einsteiger

Manche Bäume sind so dick, dass du sie mit beiden Händen nicht umfassen kannst. Wie groß ist ihr Umfang genau? Findet es zu zweit heraus!

Du brauchst:

- einen Baum
- Wolle
- eine Schere
- einen Zollstock
-

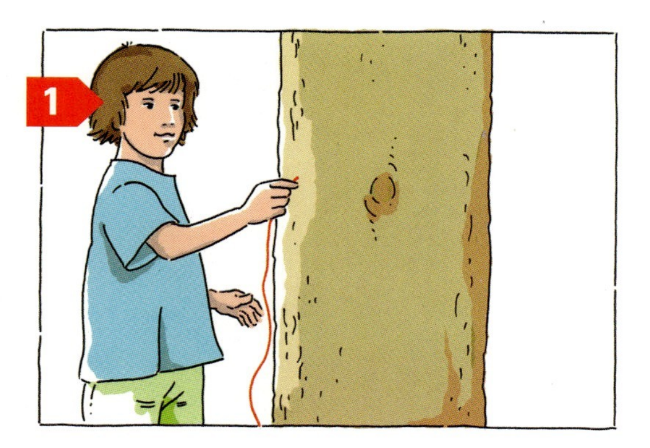

1 Haltet den Anfang eines Wollfadens gegen einen Baumstamm.

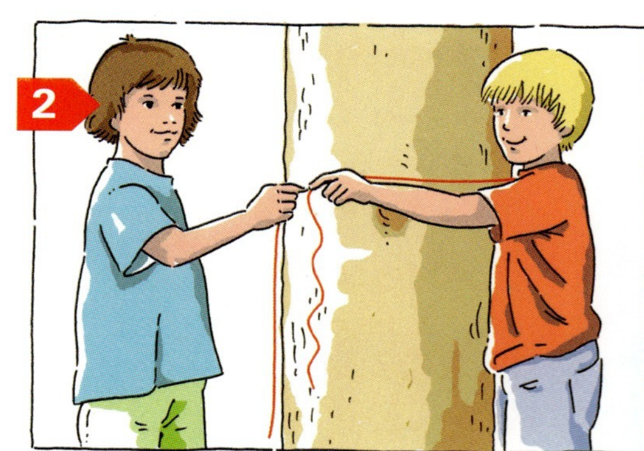

2 Wickelt den Faden einmal um den Stamm.

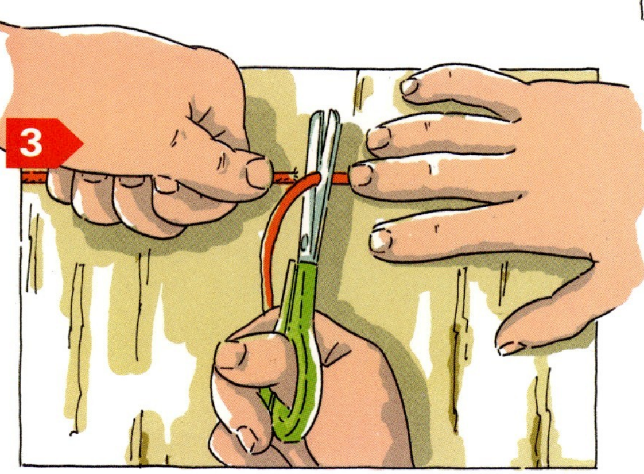

3 Schneidet den Faden genau dort ab, wo er den Anfang wieder erreicht.

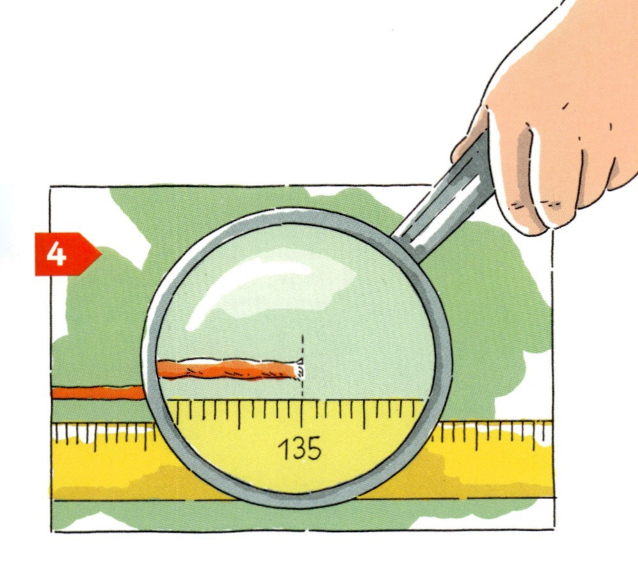

Legt den Faden der Länge nach neben den ausgeklappten Zollstock. Den Anfang des Fadens legt ihr neben die Null. Was seht ihr? Die Zahl neben dem Fadenende zeigt euch, wie viele Zentimeter der Baum dick ist.

??? Was passiert?

Ein Baum wird beim Wachsen immer höher und breiter. Jedes Jahr kommt am Baumstamm eine ganz neue Schicht hinzu: ein Jahresring. Im Querschnitt kannst du die Jahresringe gut erkennen und zählen, wie alt ein Baum ist.

Wurzeln, Stamm ...

Ein Baum wird in drei Teile unterteilt: Wurzeln, Stamm und Krone. Die Wurzeln befinden sich zum größten Teil unter der Erde. Der Baumstamm kann je nach Art des Baumes ganz unterschiedlich aussehen: zum Beispiel kurz und stämmig oder schmal und hoch. Ganz oben ist die Baumkrone. An den Ästen und Zweigen der Krone sitzen die Blätter. Manche Bäume sind sogar so groß, dass man ein Haus hineinbauen kann.

Klasse Karotten

Für Profis

Wenn es das nächste Mal Karotten zum Mittagessen gibt, dann greife rechtzeitig zu: Aus den „Köpfen“ der Karotten kannst du neue Blumen für das Küchenfenster machen!

Du brauchst:

- drei Karotten
- ein Küchenmesser
- Küchenpapier
- einen Teller
- Wasser

1 Entferne die langen Blätter der Karotten. Dann schneidest du vorsichtig das obere Ende der Karotten ab. Lass dir dabei von einem Erwachsenen helfen.

2 Feuchte einige Blätter Küchenpapier an und lege sie auf den Teller.

3 Lege die Karottenköpfe mit der flachen, abgeschnittenen Seite nach unten auf den Teller.

Jetzt musst du darauf achten, dass das Küchenpapier immer feucht ist. Was passiert? Nach einiger Zeit wachsen neue Blätter aus den „Karottenköpfen“.

??? Was passiert?

Karotten wachsen, wenn sie ausreichend Licht und Feuchtigkeit erhalten. Auch wenn ein Stück der Pflanze abgeschnitten wurde, können die Karotten weiterwachsen, wenn der „richtige“ Teil übrigbleibt. Denn am grünen „Kopf“ der Karotte können sich neue Blätter bilden.

... noch mehr Spaß!

Es gibt einige Zimmerpflanzen, die du besonders leicht vermehren kannst, zum Beispiel Grünlilien oder Zyperngras. Schneide einfach einen Stiel vom Zyperngras ab und stecke ihn mit den Blättern nach unten in ein Wasserglas. Nach einigen Tagen wachsen die ersten Wurzeln und du kannst das Zyperngras in einen kleinen Blumentopf mit Erde pflanzen. Die Grünlilie bildet häufig herunterhängende „Ableger“. Schneide diese Ableger ab und pflanze sie in die Erde. Nach einiger Zeit wächst die „neue“ Grünlilie an.

Geldwäsche

Für Einsteiger

Du brauchst:
- eine Zitrone
- ein Messer
- eine Zitronenpresse
- einen tiefen Teller
- 1-, 2- oder 5-Cent-Stücke
- ein Papiertaschentuch

Viel besser als in jeder Werbung! Mit der Kraft der Zitrone kannst du angelaufene Kupfermünzen wieder glänzen lassen.

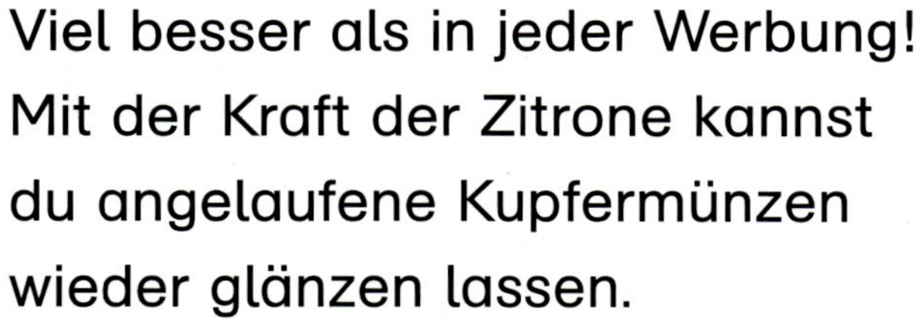

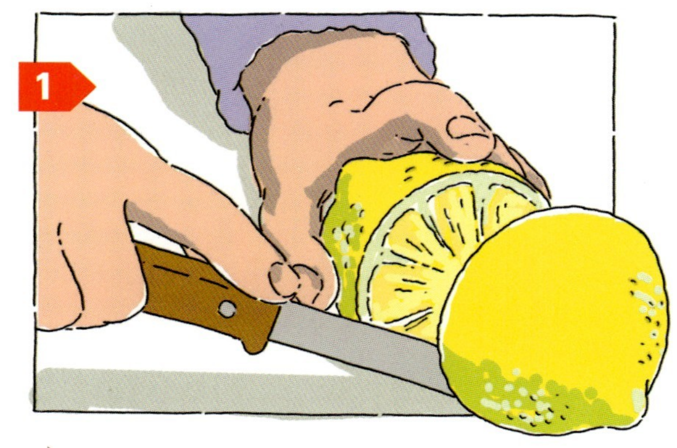

1 Schneide die Zitrone in zwei Hälften. Lass dir dabei von einem Erwachsenen helfen.

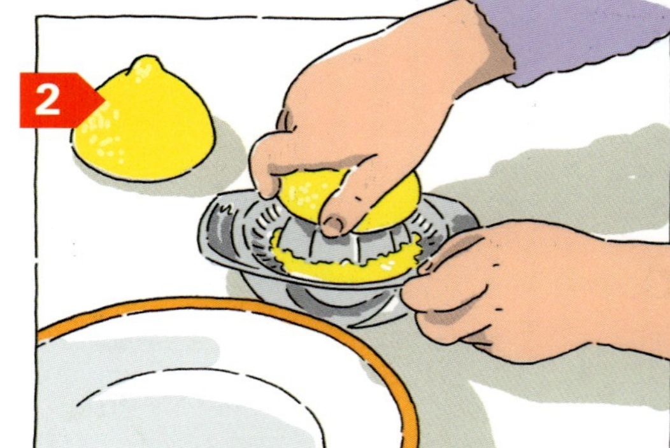

2 Presse dann den Saft der Zitrone aus und gieße ihn auf den Teller.

Lege alle Münzen bis auf eine in den Zitronensaft, sodass sie vollständig bedeckt sind. Beobachte, wie sich die Münzen im Saft verändern.

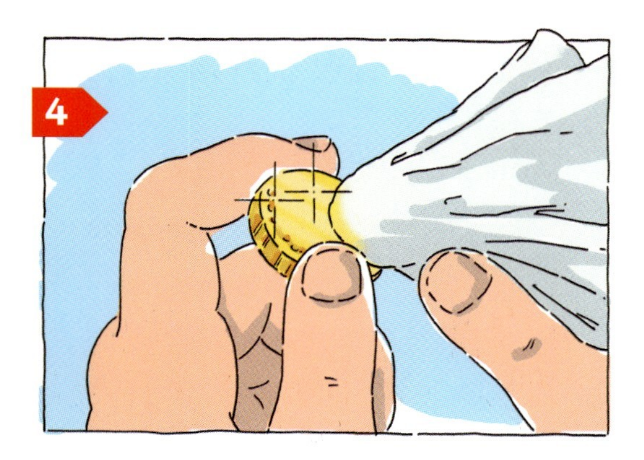

Du kannst auch ein Taschentuch in den Zitronensaft tauchen und damit die Münzen blank reiben.

??? Was passiert?

Die Säure in der Zitrone löst den Belag auf der Münze auf. Darunter kommt das Kupfer zum Vorschein.

Sauer macht lustig

Zitronen gehören ebenso wie Limonen und Orangen zu den Zitrusfrüchten. Ursprünglich kommen Zitronen aus China und Indien. Inzwischen werden sie aber auch in anderen Teilen der Erde angebaut, zum Beispiel in vielen Mittelmeerländern.

Feuer, Wasser, Luft und Erde

Berge und Gebirge

Der Planet Erde ist einige Milliarden Jahre alt. Überall auf der Erde gibt es Berge. Mehrere zusammengehörige Berge nennt man Gebirge. Die höchsten Berge der Erde sind über achttausend Meter hoch! Gibt es in deiner Umgebung auch einen Berg? Weißt du, wie hoch er ist?
Berge gibt es übrigens nicht nur an Land, sondern auch unter Wasser. Auch dort können sie eine Höhe von mehreren tausend Metern erreichen. In ihren Felsspalten leben viele verschiedene Tier- und Pflanzenarten, zum Beispiel Korallen, Fische und Muscheln. Immer wieder entdecken Forscher und Taucher dort auch neue, bisher unbekannte Arten.

In der Luft

Menschen können notfalls einige Zeit ohne Wasser oder Nahrung auskommen. Doch ohne die Luft zum Atmen überleben Menschen und Tiere nur wenige Minuten. Auch viele Pflanzenarten sind auf die Luft angewiesen. Die Luft setzt sich aus verschiedenen, unsichtbaren Gasen zusammen. Für die Menschen und Tiere ist besonders der Anteil an Sauerstoff in der Luft wichtig.

Ozeane und Meere

Der überwiegende Teil der Erdoberfläche ist von Wasser bedeckt. Ozeane und Meere umgeben die Kontinente. Diese großen, zusammenhängenden Wassergebiete bieten unzähligen Tier- und Pflanzenarten einen Lebensraum. Auch Menschen siedeln seit jeher an den Küsten der Meere, ernähren sich vom Fischfang und treiben Handel über die Wasserstraßen. Meerwasser ist übrigens sehr salzhaltig – unbehandelt kannst du es deshalb nicht trinken.
Entdeckst du auf einem Globus oder einer Weltkarte verschiedene Ozeane und Meere?

Feuerspuckende Berge

Ganz im Inneren unseres Planeten befindet sich der feste „innere Erdkern“. Um ihn herum liegt der „äußere Erdkern“, der aus flüssigem, heißem Gestein besteht. Dann folgt der breite „Erdmantel“ und ganz außen die „Erdkruste“ aus festem Gestein. Manchmal dringt heiße Flüssigkeit aus dem Inneren an die Erdoberfläche. Dabei entsteht ein Vulkan.
Bei einem Vulkanausbruch werden unter anderem Geröll und geschmolzene Steine in die Luft geschleudert. Manche Vulkane brechen immer wieder aus, andere bleiben über Tausende von Jahren ruhig. Ein aktiver Vulkan ist zum Beispiel der Ätna auf der italienischen Insel Sizilien. Er ist der höchste und aktivste Vulkan Europas.

Aus Weiß mach Blau ...

Für Fortgeschrittene

Hast du Lust, eine weiße Blüte in eine bunte zu verwandeln? Das ist keine Zauberei – du brauchst nur die richtige Farbe und ein wenig Geduld.

Du brauchst:

- ein hohes Glas
- Wasser
- Lebensmittelfarbe
- einige weiße Tulpen oder Nelken
- ein Messer

1 Fülle ein hohes Glas mit Wasser und löse die Lebensmittelfarbe darin auf.

2 Schneide ein Stück vom Stiel der Blume ab. Lass dir dabei von einem Erwachsenen helfen. Stelle die Blume in das farbige Wasser.

3 Beginne mit diesem Experiment gleich morgens und schaue den ganzen Tag immer mal wieder nach, ob die Blüte sich schon verändert hat. Mit der Zeit nimmt sie die Farbe des Wassers an.

Erstelle einen Forscherbericht: Male drei Nelken und beobachte in den nächsten Tagen, wie sie sich verändern. Male die Veränderungen in deinen Forscherbericht.

??? **Warum ist das so?**

Pflanzen brauchen genauso wie auch Menschen und Tiere Wasser, um zu leben. Das Wasser wird von den Wurzeln über den Stängel in die Blüten transportiert. Wenn die Pflanzen in gefärbtem Wasser stehen, gelangt der Farbstoff mit dem Wasser in die Blüten und die Blütenblätter der Blumen werden farbig.

Blumen sprechen!

Früher hatten Blumen oftmals eine ganz bestimmte Bedeutung. Menschen schenkten einander Blumen, um etwas auszudrücken, was sie nicht offen sagen wollten. Mit einer Kastanienblüte konnte man sich entschuldigen und mit einer Geranie verabreden. Auch die Farben der Blumen waren bedeutsam: Gelbe Rosen standen für Untreue und blaue Veilchen für Geduld. Heutzutage ist uns vor allem die rote Rose bekannt als Zeichen der Liebe.

Wattepflanzen

Für Einsteiger

Du brauchst:

- eine Schale
- Watte
- Kressesamen
- Wasser
- eine Schere

Pflanzen wachsen an den erstaunlichsten Orten. Sie wuchern zwischen Bahngleisen, strecken ihre Blätter durch den Asphalt und wachsen sogar auf Watte ...

1

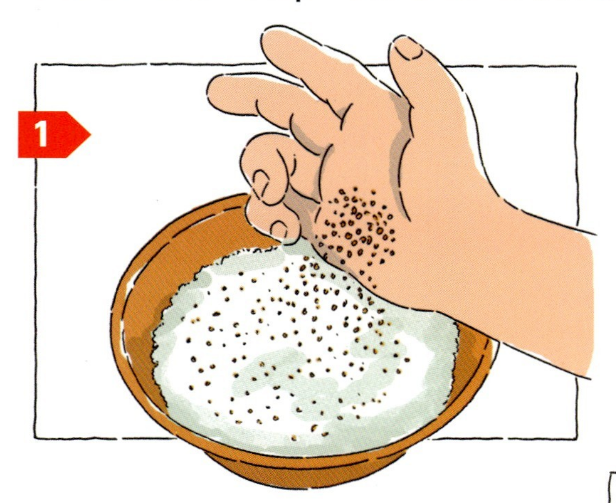

Bedecke die Schale mit Watte und streue die Kressesamen darüber.

2

Am besten stellst du den Teller auf eine Fensterbank, damit die Samen genug Licht bekommen.

3

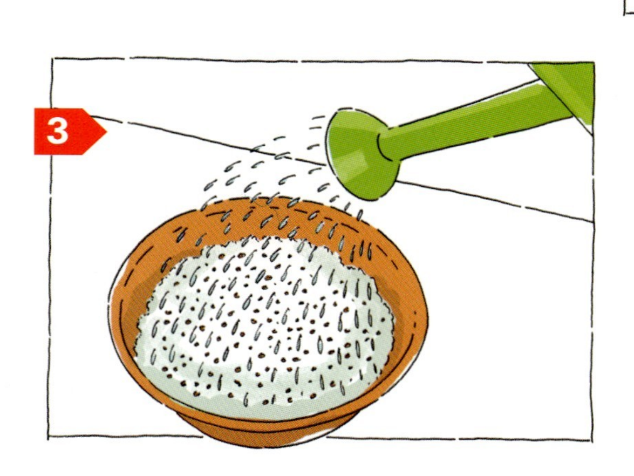

Gieße etwas Wasser über die Kressesamen. Halte sie in den nächsten Tagen feucht, aber nicht tropfnass.

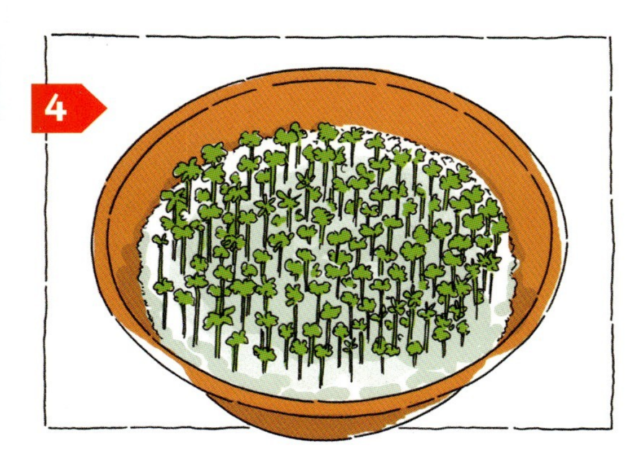

Schau jeden Tag nach der Kresse und beobachte sie genau: Die Keime öffnen sich und heraus kommen die Pflanzen. Schon bald ist ein grüner Pflanzenbelag auf der Watte gewachsen.

Wenn die Kresse einige Zentimeter hoch gewachsen ist, kannst du sie ernten. Zupfe oder schneide sie an den Stielen ab, wasche sie kurz und lege sie auf ein Butterbrot. Hmm ... lecker!

??? Warum ist das so?

Die Kressesamen wachsen sehr schnell. Sie benötigen dafür keine Nährstoffe aus der Erde, denn sie enthalten alle wichtigen Nährstoffe für die ersten Tage des Wachstums selbst. Wichtig beim Keimen ist nur das Wasser. Erst, wenn die Pflanzen schon richtig aus dem Samen herausschauen, brauchen sie auch Licht.

... noch mehr Spaß!

Forme aus Watte ein Bild, zum Beispiel einen Mond. Streue die Kressesamen auf die Watteform und gieße sie. Nach einigen Tagen ist ein grüner Kressemond gewachsen.
Du kannst auch ein schönes Geburtstagsgeschenk pflanzen. Forme aus Watte den Namen des Geburtstagskindes und streue die Kressesamen darauf. Nach einigen Tagen ist der Name aus Kresse gewachsen. Herzlichen Glückwunsch!

Badewannen-Blumen

Für Einsteiger

Herrlich! Diese Blumen blühen zu jeder Jahreszeit! Stelle sie in einer Wasserschale auf die Fensterbank oder lasse sie in der Badewanne schwimmen.

Du brauchst:

- weißes Tonpapier
- wasserfeste Filzstifte oder Buntstifte
- eine Schere
- eine große Schale mit Wasser

1 Zeichne die Umrisse von kleinen, mittleren und großen Sternen auf das Tonpapier. Schneide die Sterne aus.

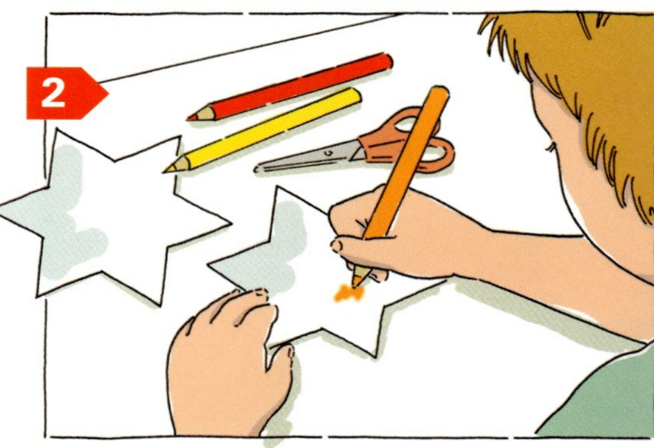

2 Male die Spitzen und das Innere der Sterne an. Nimm für die Mitte der Sterne eine andere Farbe.

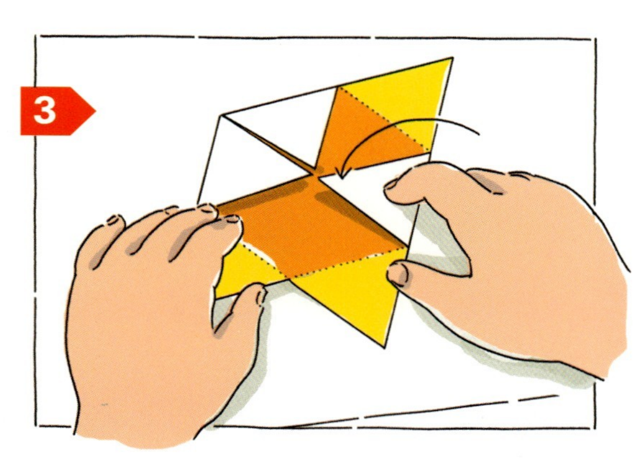

3 Knicke die Zacken zur Mitte hin um.

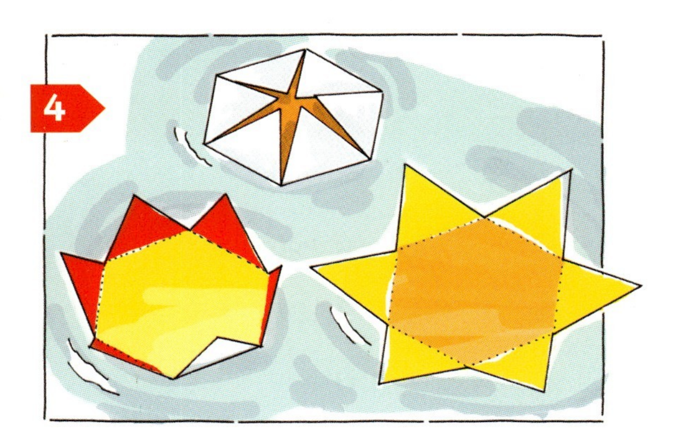

Lege die Blumen in eine große Schale mit Wasser oder in die Badewanne. Was passiert? Nach kurzer Zeit öffnen sich die Blüten und die Blumen „blühen“ auf.

??? Warum ist das so?

Papier besteht unter anderem aus Holzfasern, die etwas gedreht sind. Werden sie nass, drehen sich diese Spiralen auseinander, das Papier wird weicher und schwerer. So klappen die gezackten Blütenblätter der Papierblumen im Wasser auseinander.

Wasserblumen

Seerosen sind wunderschön anzuschauen! Sie wachsen aber nicht im Blumenbeet. Ihre Blüten und Blätter schwimmen auf Teichen, Seen und ruhig fließenden Gewässern. Schau einmal genau hin: Sie haben zwei verschiedene Arten von Blättern. Die Blätter auf dem Wasser sind dick, glatt und haben Luftpolster eingeschlossen, sodass sie schwimmen können. Die Blätter am Stiel unter Wasser sind braungrün, gezackt und viel kleiner.

Streng geheim!

Für Profis

Du brauchst:

- eine Zitrone
- eine Zitronenpresse
- einen Pinsel
- ein weißes Blatt Papier
- ein Bügeleisen

Mit unsichtbarer Tinte malen oder schreiben wie in spannenden Abenteuergeschichten – das kannst du auch!

1 Presse den Saft einer Zitrone aus.

2 Tauche einen Pinsel in den Zitronensaft und male oder schreibe damit auf ein Blatt Papier.

3

Jetzt bügele das Papier vorsichtig. Lass dir dabei von einem Erwachsenen helfen. Stelle das Bügeleisen auf schwache Hitze ein. Siehst du die unsichtbare Botschaft?

??? Warum ist das so?

Durch die Wärme des Bügeleisens verfärbt sich der Zitronensaft bräunlich und du kannst die geheime Botschaft erkennen.

Piratenschätze

In Abenteuergeschichten vergraben Piraten ihre Schätze am Strand einer einsamen Insel. Auf einer streng gehüteten Karte wird dann das Versteck aufgezeichnet. Diese Schatzkarte soll die Piraten später wieder zu ihrer Beute führen. In Wirklichkeit sind jedoch nur wenige Piraten bekannt, die ihre Schätze tatsächlich vergraben haben. Viele Piraten haben Gold und Juwelen nicht aufgehoben, sondern lieber im nächsten Hafen eingetauscht.

Bildnachweis

IStock:

S. 5 (u. l.): Maarten Steffens; **S. 11:** Norman Chan; **S. 15:** Lori Skelton; **S. 16 (o. r.):** James Benet; **S. 16 (u. l.):** Andrei Nekrassov; **S. 17 (o.):** Viktor Kitaykin; **S. 17 (u. r.):** asterix0597; **S. 19:** Monika Adamczyk; **S. 23:** Anthony Hall; **S. 26 (o. Mitte):** Jason Lugo; **S. 26 (o. r.):** Oleg Prikhodko; **S. 26 (u. r.):** Andreas Reh; **S. 27 (o.):** Don Wilkie; **S. 27 (u. l.):** My Walkabout Photography; **S. 29:** Alexander Walther; **S. 35:** Jim Parkin; **S. 36 (o. l.):** Jeroen Peys; **S. 36 (u. Mitte):** arlindo71; **S. 36 (u. r.):** cre8tive-studios; **S. 37:** Valérie Koch; **S. 39:** Daniela Andreea; **S. 43:** Bart Broek; **S. 45:** PMSI Web Hosting and Design; **Titelfoto (1. v. l.):** Andrei Nekrassov; **Titelfoto (2. v. l.):** Maartje van Caspel; **Titelfoto (2. v. r.):** James Benet

Alamy:

S. 31: Howard Rice; **S. 5 (o. r.):** Juniors Bildarchiv

Avenue-Images:

Titelfoto (1. v. r.), S. 33: Dynamic Graphics Group / Creatas

TLC Fotostudio: S. 13